JN408656

손목에 사는 그녀

김용하 시집

문학공원 시선 183

손목에 사는 그녀

김용하 시집

문학공원

자서

그녀가 도솔천으로 여행을 떠난 후
나는 그녀의 큰 외숙모를 찾았다
큰 외숙모는 아흔을 바라보는 연세이지만 정정하게 보였다

측은하게 바라보던 외숙모는
"아이고 송장하고 살려니 무척 힘들었지! 하며
"살암시민 살아진다."(살다보면 살 수 있다.)며 위로를 해주셨다

나는 무척 속상했다
약한 바위에 부딪치는 파도가 바위를 무너뜨리듯이
지병에 흔들리는 조카에게 "산송장"이라니…….
허나 지금은 그 말의 의미를 알 수 있다.

"諸行無常(제행무상)" 이 뜻을 이해하기에는 오랜 시간이 필요했다.
이 세상에 영원한 것은 없다.
한번 태어나면 누구나 가야한다는 것을…….

잊으라는 말, 무수히 많이 들었다
그러나 잊는다는 것 쉬운 일인가

이 시집을 그녀에게 보내고 싶다.
어쩌면 그녀에게 보내는 마지막 편지인지 모른다.

그녀가 떠난지 5년.
이 시집을 그녀에게 보내고
그녀의 그늘에서 양지로 나를 보내고자 한다

2020년 늦가을

당신을 너무나 그리워하는
당신의 남편 김 용 하 드림.

차례

제1부
그녀는 도솔천 여행을 떠나고

제2부

나의 살던 고향은

차례

제3부
작은 꽃이 아름답다

제4부
제줏말씨

제1부

그녀는 도솔천 여행을 떠나고

그녀는 도솔천 여행을 떠나고

풀잎 이슬이 대롱대롱 매달린 아침
새들이 아침을 즐겁게 노래하는데
밝게 빛나는 태양 저 너머의 먹구름
세차게 몰려와 가슴을 덮네

웅장한 한라영산 기슭에
사랑하는 이들이 훤히 보이는 양지 바른 곳
나를 낳아준 부모 곁으로
조그맣고 아담한 집을 지었네

가지 말라고 붙잡지 않을까 몇 번씩 뒤돌아보며
흘리는 눈물 속에 떨어지지 않는 발길
그녀는 은하수 기차를 타고
손을 흔들며 도솔천 여행을 떠났네

아내의 부재

1.
무언가 나를 깨워 눈을 뜬다
창가는 여전히 어둡다
나도 모르게 손이 가는 곳
그녀가 누웠던 자리
손이 허전하다

다시 만져볼 수 없는 그대
나의 모든 것을 다 주어서라도
그녀의 손 한 번 만져보았으면

날이 새면 그녀가 떠난 지 120일이 된다
언제면 기억에서 그녀가 사라질까
나의 밤은 길고
밤은 스스로 긴 줄 모른다

2.
바스르르
앙상한 가지에 힘겹게 버티던
마지막 잎새도
바람에 멀리 날아간다
다시 돌아오지 못할 곳으로 날아간다

그 사람도 날아간다

3.
산새들도 고요히 잠든
원당암에 그리움이 모여든다

가야상봉의 품에 잠이 든
해인(海印)의 해맑은 모습도
앙상한 가지를 흔드는 바람소리에 잠을 깬다
바람 따라 구름 따라 옮긴 걸음
임이 보고 싶어 문을 두드리니
임은 부처 뒤에 숨어 손짓만 하네

4.
김이 모락모락 나는 가게 앞에 사람들 몰려있다
따끈따끈한 만두를 기다린다
멍하니 바라본다
무엇에 홀린 듯 다가간다

김치 두 개 소고기 한 개 주세요
따스함이 달아날까 조바심 속에
심장이 뛰는 품속에 넣고 달린다

당신이 좋아하는 만두 사왔어
빈집인줄 잊고 달려온 나를 깨닫는다

그대 모습

푸르스름한 옷으로 갈아입고
하염없는 뜨거운 불빛 등 뒤에 두고
타다 남은 단풍잎 저 넘어 사라지면
설산 너머 소나무 한 그루

내 곁에 머물던 사랑
설산 너머 사라졌네

환상처럼 스쳐가는 그대 모습
구멍 난 가슴에 사랑만이 남아있네
보일 듯 보일 듯 보이지 않고
닿을 듯 닿을 듯 멀기만 한 그대 모습
언제나 그림자 되어
마음 속 깊이 남아있네

그리운 님 찾아

성난 파도소리가 나를 아프게 한다
아무도 찾지 않는 쓸쓸한 용머리 해안
나 홀로 외로이 우산을 받쳐 들고
추억에 잠겨본다

당신이 내 곁을 떠나 아주 먼 곳에 있다 하여도
내 마음 속 깊은 곳
떠나지 않으니 그립구나

파도소리가 처량하게 들리는
검은 모래 위를 걸으며
찾으려 해도 찾을 수 없는
사랑하는 님을 찾아본다

귀 빠진 날

오늘 음력 이월 사일
그녀의 예순다섯 번째 생일

동이 틀 무렵 눈 비비고 일어나
곤밥하고 미역국 끓이고
고사리 콩나물 채소 무쳐
노릇노릇 옥돔 한 마리 구워
당신께 갑니다

붉은 태양이 떠오를 즈음
조그마한 예쁜 케이크에
65개 촛불이 빛을 밝히면
당신이 촛불을 켜주겠지요
작은 태양이 빛 속에
까마귀 합창단이 생일노래 불러주네요

도솔천 여정 떠나 당신에게
생일편지를 보내봅니다

울고 싶어요

당신이 보고 싶어 울고 싶어요
그저 한없이 울고 싶어요

당신이 여행을 떠나는 날
울면 안 된다고 울지 말라고

실날 같은 눈빛으로 말했는데
일천팔백 일이 지났는데도

눈물샘에 고여 있는
눈물이 마르지 않네요

이 마음 알아줄 리 없지만
지금도 그냥 울고 싶어요

당신의 노래

나 혼자만이 그대를 사랑하여
영원히 영원히
행복하게 살고 싶소[1]라고 했던
어떤 가수의 노래처럼
나도 당신과 그렇게 행복하게 살고 싶소

아, 고달프다 부초 같은 내 인생
어차피 내가 택한 길 아니냐
외로운 길도 슬픔의 눈물도
나와 함께 걸어가는
노랫말 같은 나의 인생

아득히 머나먼 길을 따라
노래와 함께 도솔천 여행을 떠난
사랑하는 당신 있음에
아껴주는 당신 있음에
그래도 살아야지

---

1) 손석우 작사작곡, 송민도 노래 <나 하나의 사랑> 중에서

나는 바보

당신이 여행을 떠난 지 오래인데
난 아직도 당신과 살고 있구나
깊고 깊은 내 가슴 속 한 구석
오방색으로 장식된 방 속에 모셔놓고
내 앞에 나오기를 기다리고 있구나
해가 지고 달이 뜨고
나뭇잎 이슬이 마르고
빨간 열매의 먼나무2)에
하얀 함박눈이 내리어도
당신을 기다리고 있는
나는 바보

---

2) 제주 및 남부지방에 해안림으로 자생하는 나무로 감탕나무과에 속하며 빨간 열매가 열린다.

봄의 속삭임

봄이 오는 소리가 들려온다
나무 틈 사이로
돌담구멍 사이로
봄의 소리가 속삭인다

파도에 부서지는
봄이 속삭임 담아서
도솔천에서 봄을 기다리는
임에게 보내주려나

보내지 못하는 님

神들의 의자에 달려오던 파도가 부딪혀
괴로운 듯 거품 물며 쓰러져
이내 깊은 물결 속으로 사라진다

즐거움인 듯 괴로움인 듯
먼 듯 가까운 듯 새들의 지저귐도
솜털구름 위 맴돌다 아롱다롱 달아나버린다

사랑하는 님
도솔천 여행 떠난 지 일 년
돌아오지 않는다고 잊어야 한다고
훨훨 날아갈 수 있게 놓아주어야 한다고
나를 꽁꽁 묶는다

허나 마음 깊은 곳 숨겨둔
그 님을 보낼 수 없네

아픈 사랑

떠나는 여인
바라볼 수밖에 없는 인형처럼

사랑했기 때문에 가슴이 아프지만
아픔만큼 성숙해지겠지

잊자 지워버리자
마음에 새겨진 그 여인의 모든 걸

아무리 발버둥 쳐도
자꾸만 떠오르는 그 여자

그리움

얼마나 울어야 눈물이 마를까
얼마나 태워야 흔적이 없어질까
얼마나 지워야 이름이 지워질까
얼마나 잊어야 모습이 사라질까
얼마나 그리워해야 내 꿈에 나타날까

손목에 사는 그녀

잡동사니 가득한 낡은 서랍 깊은 곳
꺼져가는 작은 불빛에 눈이 멈춘다
숨이 멈추어버린 그녀의 손목시계
왼손이 주인인양 얼른 집는다

영혼을 불어넣으면 다시 심장이 뛸까
시계 수리점으로 가져갔다

애꾸눈 주치의가 빤히 쳐다본다
영영 다시 숨을 쉴 수 없는 것일까
능숙한 솜씨로 시술을 마친 손목시계
다시 숨을 쉰다
심장이 뛰는 소리가 들린다

주치의가 뚜껑을 연다
시각장애인을 위한 시계라고 한다
아! 그녀와 함께 숨을 멈추었던 손목시계
내 왼손에서 그녀의 심장이 뛴다
지금 내 손목에는 그녀가 살고 있다

02시 36분

창문에 비치는 가로등 불빛이
오늘 따라 힘이 없어 보인다

힘겹게 잠이 든 님의 숨소리처럼
가늘고 희미하다

염화미소의 그녀를 볼 수 있을 때
너의 불빛도 찬란할 지어다

나를 찾는 이유

- 서울 혜민병원 수술실 앞

수술 침대 위에 누우면 나를 찾는다
수술이 아닌 치료인데도…

요즘 부쩍 나를 찾는다
치료를 갈 때나 잠자기 전에도…

병원 생활을 하면 할수록
스스로 생명의 위험을 터뜨리는 듯

손자의 전화에 눈물을 글썽이는 것도
서쪽으로 기우는 자신은 아는 것 같다

병원이 겁이 나나 보다
죽음이 겁이 나나 보다

- 2015. 7. 3

님의 곁에서

온 대지를 녹여버릴 듯이
이글거리는 태양이 오늘을 연다

어제의 태풍 소식은 구름 속에 묻혀
공허한 구름이 되고 말았다

까마귀들의 사모곡 속에
님은 새로운 안식처를 찾았다

영원히 사랑했던 그 사람
내 마음 속에서 살아가야 할 사람

아픔의 고통 없는 극락세계에서
다시 님을 볼 수 있으리라

당신을 보내며

실 같은 눈으로
아른거리는 나를 바라본다
가느다란 손으로 내 손을 포갠 채
오랫동안 같이 살아줘서 고마웠다고
당신 사랑 영원히 기억하고 싶다고 속삭인다

먼동이 트고
햇살이 눈부실 때
그녀의 눈은 감겨있고
두 손은 힘이 빠진 채
늘어져있다

어제의 삶
오늘 먼 곳으로 보낸다

- 2015. 7. 24. 13시 38분

병상 일기

보이지도 않으니
잡을 수도 그릴 수도 없는
스산한 바람이
창문에 부딪혀 흩어진다

날카로운 비명을 지르며
병상에서 신음하는 사랑하는 님을
바라볼 수밖에 없는 이 마음을
더욱 아프게 하는구나

매미소리

동이 튼다
아침 이슬을 머금을 새도 없이
햇살이 내려와
곡식을 키운다

가을을 재촉하듯
매미들의 노래 소리가
창 너머에 메아리친다
들을 사람도 없는데

그녀도 침대 위에 누워
바라보고 들었으리라
이제 그 침대 위에 내가 누워
그 매미소리를 듣는다

화초에 물을 주어야 되는데

문을 열며
"수열아, 왜 대답이 없어?"하고 쳐다봐야지
왜 그런 말을 하지 않는 거야

난 아직도 당신이 잠깐 어디 외출한 것 같아
당신이 영원히 내 곁을 떠났다는 것을
믿을 수가 없어
왜 그래야 돼
수많은 사람 중에 왜 당신이 그렇게
훌쩍 떠나야 돼
이 더운 여름철에
당신이 흘리는 땀 닦아주어야 하는데
이 화초에 물을 주어야 되는데
가슴이 너무 아파요
모두들 당신을 잊으라고만 하네요
많이 섭섭해요
당신이 내 곁을 떠난 지 열흘밖에 되지 않았는데
너무 가혹한 주문인 것 같아
집에 돌아오면서 많이 울었어요
그냥 울고 싶었어요

마음의 인연

온 세상을 집어삼킬 듯 노래하던
매미들도 사라지고
당신이 기댔던 창가에 귀뚜라미 우는 소리
멀리서 가까이서 들려오는 저녁
이제 여름이 가고 가을이 온 것 같아
당신이 내 곁을 떠난 지 50일째
금방 당신이 문을 열고 들어올 것 같아
문을 닫을 수도 잠글 수도 없어
얼른 여행을 끝내고 돌아왔으면 업고 춤을 출게
난 영원이 당신 잊지 않을 거야
아니 잊지 못할 거야
우리에겐 아름다운 추억들이 가득 쌓여 있으니까
당신이 병상에 누워있는 모습도
아름다움으로 느껴지는 걸
육체의 인연 끊겼다고
마음의 인연까지 잊을 수가 있을까
당신! 영원히 사랑해

외손자 체험학습 일지

“푸른 바다에 외할머니 절이 있었다. 거기에 가서 절도 하고 외할머니 좋은 곳으로 가시라고 위로해 드렸다. 너무 슬펐다. 외할머니가 하늘나라에서도 잘 지냈으면 좋겠다. 집에 갈 때쯤에 나는 차에서 잠이 들었다. 외할머니가 어디 있는지 보고 싶었는데… 꿈에서도 외할머니 생각났다. 외할머니는 좋은 곳으로 가셨을 거다. 조금 재미있는 여행이다. 슬프지 않으면 좋겠고 외할머니가 좋은 곳으로 가셨음 좋겠다.”

초등 2학년 외손자가 외할머니 생각하는 마음
어찌나 찡한지 그동안 참았던 눈물 다시 흘렸다
몇 번인가 울지 않겠다고 다짐을 했건만
조그맣게 써내려간 외손자의 일기에
그만 펑펑 울고 말았다

제2부

나의 살던 고향은

주상절리

1.
그저 바라보기만 할 뿐
결코 허락하지 않는 神들의 의자
날고뛰는 석공들의 갈고 닦기 수십 만 년
아직도 다함이 아닌 듯
이마에 땀방울 동글동글 매달리고
솟구치는 아름다움에 잠시
넋을 잃기도 하지만
넘실대는 노랫소리 리듬에 맞추어
하늘하늘 춤을 춘다

2.
파도가 귓불을 때린다
하얀 물보라 솟구치며 인사한다
어젯밤 수많은 도적떼들
할퀴고 지나간 자리
누가 말했던가 神들의 의자

3.
태곳적(太古的) 용암이 만들어낸
육각형 키 큰 허수아비

벌거벗은 몸뚱이에
물보라 흠뻑 뒤집어 쓴 채
벌벌 떨고 있네

오늘도 풍문 주상절리 빈 의자
주인을 기다린다

잠자리와 팽나무

불똥 떨어지는 여름의 한낮
못동산 사거리 가운데 샘터
잠자리 부르는 소리
자지러지는 아이들 웃음

뭉게…에 뭉게…에
앉았던 방석에 앉아라
개똥범벅 하여 주마
소똥범벅 하여 주마
앉았던 방석에 앉아라

한 백 년 동산마루 우뚝 서
부리부리한 눈구멍
삿갓 손바닥 할아버지 팽나무

잠자리 소금쟁이
주판알 튕기던 물줄기
사라진지 오래인데

늙은 팽나무의 귓전에 맴도는
소리 소리들…

우리 집 가는 길

꼬불꼬불 보일 듯 말 듯 돌담 골목길
높은 돌담 속 꼭꼭 숨은 삶의 숨소리
담 구멍 사이로 아롱거리는 조그마한 삶
우리 집 가는 길

모퉁이 돌무더기
연지 바른 노리롱 한 것
곤지 서투르게 바른 붉은 금잔화

연지곤지 사이 고개 내민
보라빛깔 무지개 솔엽국
어느 천사의 화원일까

주인이 있으랴
내가 보면 내가 주인이고
님이 보면 님이 주인인데
주인은 우리 집 골목길

배리내 오름

푸른 바다 은빛 물결 바라보며
나지막한 작은 오름

동쪽으로 말발굽형 분화구 이루어
동네 아이들 즐거운 놀이터

생긴 모양이 벼루 같아 붙여진 이름
배리내 오름

아이들의 웃음소리
분화구에 가득 찼네

지게 동산

숨이 턱 끝에 차오른다
땀송이가 이마에 대롱대롱 매달린다

검정고무신 신고
보자기 속 숨은 책을 허리춤에 감고
수없이 오르고 내렸던
꼬불꼬불한 길

동백나무가 수 십 년
시원한 그늘 만들어주었던 흙먼지 길

양쪽으로 갈린 길 모양이
지게 같아서 붙여진 이름
지게 동산

작박동네

오며가며 누구나 쉬어가는
조그마한 팽나무 그늘

가녀린 손으로 거친 밭을 일구던
우리 어머니

작은 돌멩이 하나 둘 모여
큰 돌무더기 이루었네

그래서 붙여진 이름
작박동네

오늘도 외로이 손님을 기다리는
버스 정류소

벼락 맞은 돌

나무 한 그루 보이지 않는
넓은 초지 위에 우뚝 솟은 돌 동산

종달새 즐겁게 노래하면
이곳저곳
촐[3] 피는 소리 어우러져
메아리 되어 돌아온다

돌 동산에 올라
사방에서 몰려오는 바람을
가슴에 안으면
뜨거웠던 가슴 서늘해진다

높이 솟아오른 바위
천둥번개를 맞아 붙여진 이름
벼락돌

---

3) 소의 먹이인 꼴의 제줏말

녹라지 오름

뾰족한 모양의 원추형 봉우리
붓끝같이 생겨 필봉으로도 불리었다

주변 사슴들 모여들어 뛰노는 모습이
아름답다 하여 붙여진 이름

뛰놀던 사슴 모습 사라지고
주냉이[4] 잡던 아이들 웃음소리 정상에 맴도네

그때의 녹라지 추억에 묻히고
다시 태어난 녹라지 오름이 우뚝 서있네

---

4) 지네의 제줏말

통물

여기 통물이 있었는데
통에 물이 담긴 모습과 같아서
통물이라 불리었다

통물에 선
물허벅 진 어머니들의 웃음소리
대백이 진 비바리들의 재잘거림이
피어나던 곳

통물은 땅속에 묻혔네
어머니들 웃음소리
비바리들 재잘거림
모두 묻혔네

고향 친구

친구야
잘 지내시는가
하루하루 흰 머리 늘어나는 아침에
따뜻한 햇살 비추고 있을 때

봉그라이 피웠던 꽃망울도
마지막 잎새도 초라하게
스르르 소리 없이 전부
나뒹구는 걸 보며

이듬해 봄이 오면 앙상한 가지에
새로운 생명 피우겠지 하면서
마지막 영혼 불어넣으며
하루 이틀 보내며

풀꽃들에 위안 삼으며 지내시게
친구야

친구야

하얀 눈이 내리던 날
백구 네거리에 모여

숨바꼭질 하고 연 날리기 하며
하얀 성에가 움튼 보리밭 길을 뛰어다니며
한바탕 웃던 지난날이 그립구나

검정 고무신 신고
작은 바람에도 옷깃을 휘날리며
가냘픈 몸뚱이로 동백 필 때면
백구내 돌아서 진마루
갑실이 동산 가는 길도
어찌나 힘들었는지 모르겠구나

친구야
마음 속 갑실이 동산 올라가보시
백구내 돌아서 진마루 길을
마구 달려 가보자

강냉이죽

넌 누구냐
거추장스런 껍데기 훌훌 벗어
죽림산방 솜사탕 구름이불
발끝에 여미어
뭇 생명 시선을 뺏는다

찌그러진 노오란 양재기
곱등이 된 녹슨 숟가락
동그란 눈 돌리며 섰던 긴 줄

하얀 실오라기 위에 둥둥 떠
너를 품었네

단돈 3원

엄마 3원만
낼 학교 가져가야 하는데
3원이 없다

소달구지 기우뚱거리는 골목길
흙먼지 날리며 소리치는 트럭
가설극장 왔어요

365일 긴 나날 중
5일도 보일까 말까 한
시골의 가설극장

하얀 장막이 바람에 춤을 추고
화면은 파도처럼 출렁이는
가설극장 입장료
3원

가을 손님

스산하고 날카로운 참식나무의 울음소리
정적을 깨우는 이름 모를 가을 손님,
사랑 찾는 소리
사발사발 다가오는 그녀의 숨결소리

가는 바람에 힘없이 떨어지는
한 장의 엽서가 가을 소식 전해준다

돌담

조각된 별을 가지런히 양쪽으로 길게 세우고
바퀴달린 돌무덤이 쉬어가는 쉬는 꽝
구멍 숭숭 돌담구멍으로 훔쳐보는 김 메는 여인
별과 별 사이로 눈 마주칠까 두렵다

백구의 눈물

어느 날 하얀색의 조그마한 친구가 들어왔다
아마 이종사촌이 보냈으리라

물끄러미 쳐다보았다
먼저 왔던 친구들 꽃 피우지도 못 한 채
모두 하늘나라로 갔는데…
안타깝다

어, 이 친구는 다른가 보다
주는 죽도 잘 먹고 아양도 보통이 아니다
금세 어른이 되었다
집이라는 울타리 속에서 자유를 주었다
넓은 세상 구경하라고

하지만 그는 난봉꾼이 되어 돌아왔다
지친 모습 병색이 완연했다
보내야만 했다
보내는 날 그 친구의 눈물을 보았다
하염없이 흘리는 눈물

그날 백구의 눈물 잊을 수 없다

추억의 백사장

한여름 햇비가 쏟아지던 날
햇빛에 반짝이는 조그만 자갈과 검은 흙
그 틈에 솟아오른 작은 생명
고구마 줄기

고추잠자리 짝을 찾는 오후 한낮
흙먼지 날리며 달리는 차량
어린이 그 뒤를 냅다 달린다
김을 매던 호미는 내 팽개치고

깎아 세운 듯한 돌기둥
흰색 분홍색 오색 빛깔의 조개껍질
바람 뒤를 달려 쌓은 언덕
하얀 모살[5]길 길어진 그리움

보이는 것 모두 옛 그대로인데
어린이 고추잠자리 간 곳이 없네

---

5) 모래의 제줏말

늬가 선배여

고향 동네 형 부인이 죽었다고 한다
배고픈 어린 시절 눈물로 보냈기에
보리 쌀 한 톨 큰 힘이 된다던 분
췌장암이란 악귀에 무너졌단다

밝고 기쁨에 넘친 사진 한 장
새로운 길 꽃길을 가고 있구나
어쩌면 그 길이 어제의 길보다
더 편안한 길 될 수 있으리라

슬그머니 다가온 형이 내 귀를 잡아당긴다
눈물에 슬픔을 말아버린 떨리는 목소리
이젠 늬가 선배여
후배들 잘 봐

팽나무

어릴 적 놀던 백구 정문
쪼그마했던 팽나무
이만큼 자랐다고 으스대는 듯하다

우리 아버지들 밭 정리하던 중
한 구석 조그맣게 자라던 팽나무
하마터면 빛을 보지 못할 뻔 했는데

그 은혜에 보답하듯
푸른 잎 휘날리며 따가운 햇볕 막아
지나가는 나그네의 이마에 송송 맺힌
땀을 씻어준다

얼룩빼기 암소

우리 집에 얼룩빼기 암소가 있었다
우직한 일꾼이기도 하고
다정한 친구이기도 했다

밭갈이 할 때도 함께 했고
촐[6]이나 새[7]를 운반할 때도
마차를 끌 때도 함께 힘을 썼다

지친 몸을 이끌고 소막[8]에 들면
작두로 자른 꼴을 가마솥에 삶아
보릿가루 뿌려 비빔밥 만들어주면
맛있게 먹곤 했다

얼룩빼기 암소도 세월을 이길 수 없었다

떠나는 큰 눈망울에서
뚝뚝 떨어지는 하염없는 눈물을 손에 받으며
보냈던 친구
난
아직도 너를 잊지 못하고 있구나

---

6) 소의 먹이인 꼴의 제줏말
7) 띠의 제줏말
8) 외양간의 제줏말

좀녀[9)]

호~이 호~이
삶의 소리 하늘로 난다
나는 살아있다

태곳적 제주의 아낙네들
삶의 소리 들으며
삶의 소리 외치며
거친 바다 함께 산다

긴 한숨 들이쉬고
삶과 죽음의 경계 속으로 들어간다
4분여 멈춘 숨 솟구쳐 올라
길고 가냘픈 소리를
부딪치는 파도 위에 내려놓는다

오늘도 좀녀들은
삶의 소리 찾아
바다로 간다

---

9) 해녀의 제줏말

가을 단풍

차디찬 눈보라 이겨내고
이듬해 봄 잎의 세대교체 위해
붉은색의 옷 갈아입는다

아름다운 모습 꼭꼭 숨겨두었다가
가끔씩 몰래 보여주는
새초롬한 여인과 달리

위풍당당한 사내 마냥
처음부터 웃통 벗어던지며
제 매력을 한 번에 뽐낸다

길게 쭉 뻗은 참나무길 사이로
당당한 모습을 드러내며
가을 정취를 더한다

광대코지

바람도 쉬어가고
구름도 잠시 머무는 곳
광대코지

땡그랑 땡그랑
원만사의 풍경소리 아련한
광대코지

나를 버리고
새로운 나를 만나는 곳
광대코지

제3부

작은 꽃이 아름답다

새이철

냇 골짜기 저편 밭 한구석 삼동나무
봉오리가 얼굴을 내밀고
하늘 높이 종달새가 울어댄다
한겨울 외양간에서 몸부림치던 두 살배기 송아지가
고삐 잡은 사람 이마를 적신다
병풍수 넘어 가시덤불에 안개가 걷히고
개구리와 꽃뱀이 헤엄치네
아 가을이 가고 새 봄이 오려나 보다
일하고 싶은 사내의 어깨가 근실거린다

새끼발가락

찬란한 햇빛도
소낙비의 시원스러움도
한낮 신기루에 불과한 것

겹겹 둘러싸인
캄캄한 어둠 속에서
감촉으로만 느껴볼 수 있을 뿐

어둠이 걷힌 밝은 곳에서
나를 찾을 때
비로소 나는 진정한 나로 돌아가겠지

그곳에 가고 싶다

그곳에 가고 싶다
마구 뛰어가고 싶다

태양이 이글거리고
비가 쏟아지며 앞을 가리더라도
그곳에 가고 싶다

그곳은 아버지와 얼룩빼기 암소가
노래하던 곳

그곳에서
다시 그들의 노랫소리 듣고 싶다

소머리 섬

바다와 들녘이 맞닿은 곳
시골집 사이사이 들녘이 펼쳐지고

들녘 가로지르는 돌담길 넘어
쪽빛 바다 넘실거린다

초록빛 보리밭 샛노란 유채밭
검은 돌담 꿈결처럼 아름답다

금빛 선홍빛 저녁노을
오래도록 잊지 못할 여운 남긴다

진한 여운 그리움 만들고
그리움 깊어지면 발길 향하는 곳

오늘도 뛰어보자

창구멍으로 바람의 노래가
들어왔다 달아나는 이른 아침

숨소리 쉴 곳 찾아 떠나는
첫 비행기 굉음소리가 정적을 깨뜨린다

삶을 위해 발버둥치던 안타까운 모습
고개 들어 당신을 바라본다

누군가는 삶의 무서워
고귀한 생명 쉽게 버리기도 하지만

그 생명의 꽃 피우려고
얼마나 많은 아픔의 소리가 들렸을까

이른 아침 정적을 깨운
첫 비행기 소리가 약속하지만

싱싱한 하루를 위해
오늘도 뛰어보자

산자고

4월이 오면
S라인 능선을 간직한 새별오름에 피는
백색의 야생화

땅바닥에 붙어
누군가의 발에 밟히기도 하지만
꿋꿋하게 제 상처를 치유해간다

자비로운 시어머니 얼굴
가녀린 미소의 꽃말처럼
꽃잎은 가냘프다

지친 사람들의 발길을 붙잡고
허리를 굽히게 하는 봄의 전령
어여쁘다 산자고

애기별꽃

세상의 모든 꽃은
아름답습니다

한 송이 작은 꽃이라도
아름답습니다

하지만 당신이라는 꽃은
아름답습니다

땅 위로 내려온 당신이기에
더욱 아름답습니다

각시붓꽃

쌀쌀함이 가득한 이른 봄
오름 능선 곳곳 보랏빛 색깔
각시붓꽃이 하늘하늘 웃는다

보랏빛 양탄자 하얀 수놓고
부끄러운 듯
하늘을 바라보며
봄이라 소리친다

키가 작아 각시란 이름으로
불리워지지만
아름다움만큼은
절세의 미인이라

고사리

1.
고사리 철이다
할머니도 아낙네도 들로 산으로
고사리 꺾으러 간다

겨우내 땅속에서 잠자던 고사리
봄이 오는 걸 어떻게 아는지
청미래 덩굴 사이로
살포시 고개를 내밀며 잠을 깬다

번뜩이는 눈빛에
무참히 꺾여나가지만
끈질긴 생명력 발휘하여
또 다시 그 자리에 피어난다
고사리는 구미호같이 아홉 번 태어난다

2.
4월 중순이 되면
자욱한 안개와 부슬부슬 내리는 부슬비가
침묵을 깨고 일어나는 초목을 덮는다

안개와 비가 그치면
억새와 가시덤불 사이로
쏘옥쏘옥 고사리 올라오는 소리가 들린다

톡! 톡!
허리 굽히고 또 굽히고
100개를 꺾으려면
100번을 허리 굽혀 절을 해야 한다

꺾을 때나 삶을 때나
언제나 정성이 필요한
제사 음식에 빠질 수 없는 존재

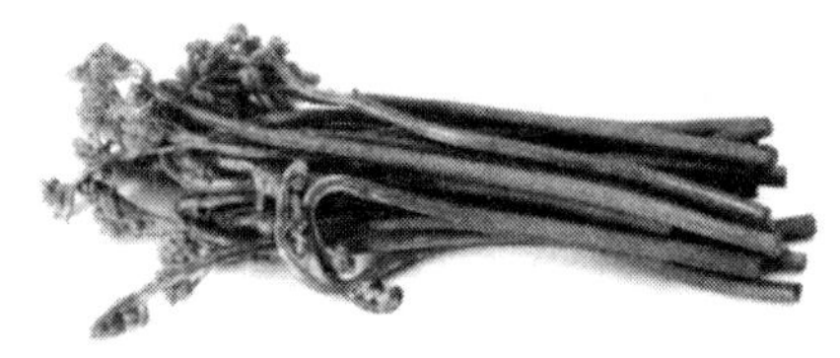

장난스런 바람

바람은 어디서 왔는지
쉴 새 없이 덜컹거리는 문 힘들게 하고
빗소리는 더 큰 울림으로
마음은 고요히 하려 하지만
바람이 자꾸 깨운다

바람과 빗속으로 들어가
빗방울들의 수다소리

바닥에 치어 튀어 오르는 방울들이
발가락 사이 헤집고 다니며
내 마음을 빼앗아가네

봄비

봄비가 내린다
쓸쓸하게 내린다

외로운 사람에게
물어보지도 않고

아리게 내리는 봄비가
아내처럼 아프다

으악새

햇살이 포근하다
으악새가 노래한다
딱! 딱! 딱!

움츠렸던 추위에 힘들었지만
따뜻한 봄 같은 햇살에
활짝 웃으며
노래를 한다

아직도 봄은 멀었는데

반딧불이

보고 싶어도 보일락 말락
보이지 않네

붙잡고 싶어도 잡힐 듯 잡힐 듯
잡히지 않네

컴컴한 어둠을 밝히는
조그마한 불빛

세상을 밝히는
반딧불이가 되고 싶다

아버지

1.
당신이 보고플 때
나는 당신이 걷던 길을 걸어봅니다

당신이 보고플 때
나는 당신 숨결이 깃든 흙내음을 찾아봅니다

파도처럼 출렁이는 하얀 억새도
붉은 옷으로 갈아입은 숲의 주인도

예전 그대로인데
당신은 없습니다

당신이 보고플 때
나는 고개를 들어 먼 하늘을 바라봅니다

2.
귀뚜라미도 잠든 이른 새벽
꿈속을 헤매는 나를 두고 깨어난 당신은

어제처럼 얼룩 암소와

먼 메밀밭 찾아갑니다

얼마나 걸었을까
발자국 새긴 곳 찾기 힘든 자갈길
나무 틈새로 새어나오는 햇빛
그 빛에 끌려가곤 합니다

지금도 그 숲 사이로 빛은 쏟아지고
얼룩 암소들 여전한데
불러도 대답 없는 이름
아버지, 당신만 안 계십니다

어머니 보내고

슬퍼 마오
태어나면 반드시 가야하는 길
어찌 막을 수 있으리오

보내야 하오
어쩌면 그 길이 더 편안한 길
그 길이 될 수도 있을 것이오

보고 싶어요
번뇌와 고통 가득한 세상
이곳으로 심부름 보내놓고
가버린 당신
어머니

꽃비

가느다란 옷걸이에
아름다운 자태를 너울거리며
봄의 전령을 전해주었던 벚꽃

봄 처녀 마음을
설레게 한 지 여느 때인데
흐느적거리는 바람에
꽃비 되어 흩어지니

가엽구나
내년에 다시 보리니

무생(無生)

초록빛 나뭇잎이
따스한 햇볕 속에 졸고 있다 해서
바람이 없는 것이 아닙니다

다리 밑 시냇물이
흐르고 흘러 한없이 흘러도
머무를 곳 있습니다

하늘에 구름이 가득하다 해서
해가 없는 것이 아닐진대
삶이란 무엇인가요

없는 삶도 끝난 삶도 아닌
삶의 소리는 원당암 무생교 건너
메아리 되어 흐릅니다

무말랭이

초록의 옷을 벗고
길이도 아랑곳하지 않고
무게도 달지 않은 채
휘두르는 날카로운 칼날에 치어
잘려나간 무말랭이

쏟아지는 태양의 빛 방울에
고통스런 비명과 함께
고들고들 말라간다

참아라, 오늘 하루면 다 마를 것이니
나는 고통을 지닌 채 참선에 든
등신불에 합장한다

범종소리

오늘도 깨어있음을 알리는
범종이 운다
둥 둥 둥

닭장에서 잠들던 닭들도 모두 일어나라고
새 날이 밝았다고 소리한다
꼬꼬댁 꼬꼬
꿩들도 뒤쳐질세라 꿩꿩 소리친다

부스스 나도 일어난다
눈을 감고 가부좌 틀고 앉아
무릇 우리 눈에 보이는 모든 형상들은
다 허망한 것일진대…

금강경 사구게10) 되뇌이며
무탈한 하루 회향할 수 있기를
간절한 마음으로 기도한다

범종소리 들으며

10) 불경 『금강경』의 「사구게」에 나오는 말로, 살아간다는 것이 꿈과 같고, 환상과 같으며, 거품 같고, 그림자 같고, 여명 같으며, 이슬 같고, 번갯불 같으니 마땅히 이와 같이 보아야 한다는 뜻.

채움

빗방울 모여 강을 채우고
푸른 새싹 모여 숲을 이루고
쌀알 한 톨 나락을 만들어내듯이

우리의 따스한 마음 모여
파란 세상 만들어
더불어 정을 나누며 채워가는
아름다움을 봅니다

짧은 치마

내 눈 갈 곳이 없다
내 눈이 가는 길에 짧은 치마 춤을 춘다
바람도 치마 속이 궁금한가 보다
두 개의 시계추 위 신비로운 샘
음흉한 바람이 샘의 물결 훔치려 하지만
견고한 샘의 문
결코 열림을 허락하지 않는다

화가 난 바람이 휑하니 자취를 감춘다
샘 주위 맴돌던 고추잠자리도
바람과 함께 사라진다

하지만 내 눈이 가는 길엔
아직도 짧은 치마 춤을 춘다

찬란한 5월

5월이 오면
산은 옷을 갈아입는다
능선에 초록빛 양탄자 깔고
군데군데 털 진 달래 한껏 치장한다

연둣빛에서 초록색으로 바뀐
능선은 눈부시게 빛나고

한라솜다리는 노란 옷 걸치고
구슬붕어 파란 하늘로 고개 들며
덩굴 속 숨은 새우난은
금빛 웃음 발산한다

이 산 저 산 둘러보아도
모두 나를 바라보며 활짝 웃는다
어느 낙원이 이처럼 찬란하고 아름다울까

열반

세상이 잠든 이른 새벽
무거운 눈꺼풀 내리우고
고즈넉한 산사의 법당에
선정에 들면

눈 내리는 소리 바람소리
내 몸을 스치지 않네

눈도 바람도
열반에 들었나 보다

바람 타는 풍경

잠을 설친 듯
바람 한 점 후들거리니
새들의 울부짖음
새벽안개 살포시 내려앉는다

눈 비비며 일어난 사미니 스님
약속한 듯 풍경 한 번 쳐다보고
긴 대 빗자루 들어
마음의 번뇌 쓸어내린다

아랑곳 하지 않은 풍경
그저 작은 바람에 흔들릴 뿐인데
고즈넉한 산사에
새 세상이 열린다

가을이 오나 보다

며칠째 창문을 두드린다
내 얼굴의 창 깨질까 두렵다

조심해 그렇게 두드리지 않아도
문은 곧 열릴 테니까

길모퉁이 너머 저 멀리서
달려오는 가을의 냄새

그 냄새 맞이하라고
그렇게 창문들 두드렸니 귀뚜라미야

짓밟힌 야생화

어찌하리오
이 참담함을 어찌하리오

따스한 가운데 잠에서 깨어
예쁘게 활짝 기지개 펴고

방긋 웃는 얼굴로
봄소식 전하고 싶었는데

허리를 잃어버리고
꿈은 수포로 돌아가버렸네

슬퍼하지 마라
내년은 더 아름다운 꽃을 피우리니

그네 타는 여인

경쾌하고 맑은 소리 '딱' 찰옥수수 따서
소쿠리 산을 만들고 빨갛게 익은 고추 손가락 펴
누가 누가 크나 재보며 금 목걸이처럼 줄줄이
올라오는 고구마 목에 걸고 'ㄱ'자 허리 펴 하늘을
올려다본다

파란 하늘은 항상 푸른 마음으로 나를 엿보고 있는데
나는 너를 잊고 있었구나
오늘 밤도 나를 잊지 않고 어김없이 엿보고 있는데
땀방울 소금 되어 이마에 대롱대롱 매달려 있네
작은 그네 위에 앉아 쏟아지는 은하수 별빛 맞으며
홍천강 물결 리듬에 둥실 둥실 춤을 춘다
멀리서 들려오는 사랑이 소리 감추며

석양

뭇 생명에게 환호와 절망을 안겼던
태양이 누우려 하니
누울 자리 파란 담요는
바람 속에 담겨 출렁이고

연홍빛 무늬로 수놓은 이불이
그 위를 덮으려 하네

낮잠

산소호흡기 끈 끊긴
무명의 어둠 속

깊은 삶의 골짜기
외마디 비명에 어둠의 문이 열린다

열두 줄 가야금 음률에 실려
옷자락 너울너울 춤을 춘다

힘을 잃고 가늘어진 음율 따라
은하수 사잇길 저 너머에 잠이 든다

제4부

제줏말씨

ᄀᆞ스락

올니 보리농신 잘 된거 담다
비영기에서 ᄂᆞ려보난 보리왓이 누렁은게
ᄒᆞ곰이시민 ᄀᆞ스락 캐우는 내가 나곡
보리 강메기 카는 냄살이 ᄀᆞ득 홀테주

옌날은 보리를 하영 가난
보리왓마다 ᄀᆞ스락 캐우민

매틀동안 내가 모락모락 나곡
보리 강메기 카는 냄살은 무사경 코소롱 혼지

지슬하나 두 개 곶어당
ᄀᆞ스락 캐운 재 소곱에 곱저두고
놀당왕 보민 무랑ᄒᆞ게 익영

우녁집 아이덜도 알녁집 아이덜도
ᄆᆞ아들엉 입주댕이가 시커멍 ᄒᆞ도록
먹곡 ᄒᆞ엿주게

주차

아칙이 일어나 창문을 ᄋᆢ라보난
뱃살은 잇고 ᄇᆞ름은 읏다

생이덜은 전깃줄에 아잔 뭐샘사 ᄀᆞᆯ암신디
찌거지게 노래ᄒᆞᆫ다

오널은 환경의 날이랜 햄신디
ᄒᆞᆨ곰 일찍 차 몰앙 행사장에 가보난
ᄇᆞᆺ서라 차들이 직깍ᄒᆞ다

게무르 나 차 ᄒᆞ나 새울 고망은 이실테주
맷바퀼 뱅뱅 ᄃᆞ라봐도
나 차 세울 고망이 읏다

북두메기 뒛사지멍 용심이 나젠 햄저
디신 차 내불덩 버스탕 댕거사주

눈 오는 날

함박눈은 피뜰피뜰
싸락눈은 사락사락
대나무잎 흔들흔들
창구멍은 버롱버롱
돌담구멍 배롱배롱
할머니 삐죽삐죽
할아버지 대롱대롱
눈꺼풀 꿈벅꿈벅

가메기 노래

가메기야 가메기야
어디 갓당 왐시니
할망집 불 담으래 갓당 왑저

무신 밥 주었니
차풀 밥 주었다
무신장 주었니
차풀장 주었다

무신 숟가락 주었니
가메기 숟가락 주었다
어디 노오랜 ᄒᆞ엿니
선반우에 노랜 ᄀᆞ라라

여자는 영 산다

새각시 ᄀᆞ슴 보래 가민
맨 앞인 선융을 봐사ᄒᆞᆫ다
선융이 사 복도 좃다

선융이 조민 언감을 봐사ᄒᆞᆫ다
언감이 좋아사 노ᄀᆞ록 ᄒᆞᆫ다

여자는
선융과
언감과
뱃또롱 아래 그 ᄆᆞᆺ으로 산다

보재기 각시

정월초삼일 바당이 불민
그 해는 ᄇᆞ름이 웃엉
궂을 일이 웃댄 ᄒᆞᆫ다

경ᄒᆞ난 보재기 각시는
바릇도 잘 ᄒᆞ곡
궤기도 하영 심엉 올거난

정지에 들어강
남죽들렁
춤춘덴 ᄒᆞᆫ다

우는 아이 달래는 소리

울지 말라 울지 말라
퉤악새기 벌러져 부럿저

국사발 밥사발
몬딱 벌러져 부럿저
아이고 어떵 홀거니
울지말라 울지말라
울민 설어내랭 혼다게

어느 여름 백구내

백구내 물 먹는 쉐
때 미는 돌에
돗줄래 휘어올 때
지성기 뺀는 아이
금착ᄒᆞ과 모스음 속에

병풍수 ᄌᆞ끗이 가시자왈에서
두테비 졸락 나오민
두테비 다울리는 퍼ᄃᆞ줄래
담돌도 다락 맞히난

데와지멍 우는 소리 노래 되어
백구내 감사 도네

개우리영 재열은 무사 곳지 울엄신고!

땡볫나는 여름에 재열은 낭 우에서 개우리는 땅 소곱에서
곳지 울어댑주게

무사 야네덜은 이추룩 재열이 울민 개우리도 울엄신고 양!

옌날 개우리는 눈이 잇고 재열은 눈이 으섯댄 흡디다
개우리는 눈이 이신디도 소리를 ᄒᆞ지 못ᄒᆞ고 재열은 눈이
으서도 소리를 잘 햇댄 흡디다
아멩해도 재열은 소리ᄒᆞ는 재주가 이서난 모양이라 예!

ᄋᆞ름 볫나는 날 재열은 낭 우에서 소리를 ᄒᆞ는디
어떵사 잘 불르는지 개우리는 굴레 울고 부러워 햇댄 흡디다
개우리는 재열이 소리를 ᄒᆞᆯ때마다 어떵ᄒᆞ민 이녁도 저추룩 해질건고 궁리를 ᄒᆞᆫ거라

개우리는 쉥게를 내어 재열신디 ᄀᆞ른거라
"난 눈을 주커메 늬는 소리를 주민 안 뒈카" ᄒᆞ엿

주게

경 아녀도 재열은 눈이 으성 놀아댕기당 낭에도 다덱이고

돌에도 박아정 히엿덕 ᄒᆞ여신디 귀가 코삿ᄒᆞᆫ거라

잠지팍 치멍 지꺼정 ᄒᆞ멍도 아닌 추룩 ᄒᆞ멍 "거짓말 ᄒᆞ지 말라게"

ᄒᆞ멍 경홀 궁탱이가 으신추룩 ᄒᆞ엿주게

"ᄄᆞ시 ᄀᆞ라봐" ᄒᆞ멍 거짓말 ᄒᆞ는지 안 ᄒᆞ는지 개우리의 쉥게를 알아보난 이녁은 곳을 게 으신거라

경ᄒᆞ난 개우리는 "무사 놈이 말을 개똥 나무리듯 ᄒᆞ염서"

ᄒᆞ멍 거짓갈 아니랜 막 곳는거라

경ᄒᆞ연 개우리는 눈을, 재열은 소리를 주멍 서로 바꾸게 뒈엿주게

개우리는 눈 줘부난 뻬리지 못ᄒᆞ연 이래주왁 저래주왁 ᄒᆞ멍도 소리를 ᄒᆞ게 뒈엇댄 ᄒᆞ멍 조안 들락켯주게

경ᄒᆞᆫ디 개우리는 소리를 해 보난 재열 추룩 시원치 못ᄒᆞᆫ거라

재열은 개우리 ᄒᆞᆫ티 소리를 줘불고 눈을 어덧 주게

경ᄒᆞᆫ디 재열은 소리를 못ᄒᆞ카부댄 해신디 더 잘해지는거라

앞을 보게뒈난 지꺼전 이래화륵 저래화륵 놀아댕기멍 모구낭에도

아장 소리ᄒᆞ곡 목쿠실 낭에도 아장 소리ᄒᆞ곡 햇주게

개우리는 붸리지 못ᄒᆞ영 이래주왁 저래주왁 ᄒᆞ멍 소리를 해도 누게 들어주지도 안ᄒᆞ난 북두메기 나기 시작ᄒᆞ엿주게

경ᄒᆞᆫ디 재열은 모습 놩 놀아댕기멍 소리를 잘 ᄒᆞᆫ댄 말 들으난 용심이 낫주게

ᄒᆞᆫ른 이녁이 이신 낭 우에서 재열이 소리를 해 가난 나 눈 돌르랜 웨어대기 시작햇주게
경ᄒᆞ민 재열은 그 말을 듣지 안으젠 놀아나불곡 ᄒᆞ는거라

그 후젠 ᄋᆞ름 으님찐 날 낭 우에선 재열이 소리를 ᄒᆞ곡 땅 소곱에선 개우리가 눈을 돌르랜 우는 소리가 ᄀᆞᆽ지 들린댄 ᄒᆞᆸ니다

지렁이랑 매미는 왜 같이 울까

햇빛 나는 여름에 매미는 나무 위에서 지렁이는 땅속에서 같이 울어댑니다

왜 애네들은 이렇게 매미가 울면 지렁이도 울까요

옛날 지렁이는 눈이 있고 매미는 눈이 없었다고 합니다

지렁이는 눈은 있지만 노래를 하지 못하고 매미는 눈이 없어도 노래를 잘 했다고 합니다

아무래도 매미는 노래하는 재주가 있었던 모양이다

여름 햇빛 나는 날 매니는 나무 위에서 노래를 하는데

어떻게 잘 부르는지 지렁이는 입을 다물지 못하고 부러워했다고 합니다

지렁이는 매미가 노래를 할 때마다 어떻게 하면 자기도 저렇게 할 수 있을까 연구를 했던 것이다

지렁이는 흉내를 내어 매미한테 말했다

"난 눈을 줄 터이니 너는 소리를 주면 안 될까?" 했다

그렇지 않아도 매미는 눈이 없어 날아다니다 나무에 부딪치기도 하고 바위에 떨어지기도 하여 머리가

아팠는데 구미가 당겼다

무릎 치며 즐거워하면서도 아닌 것처럼 하며

"거짓말 하지마"

하면서 그렇게 할 심사가 없는 것처럼 하였다

"다시 말해봐"

하며 거짓이 있는지 지렁이의 속마음을 보는데 자기는 손해 볼 게 없는 거야

그러니까 지렁이는

"왜 남의 말을 개똥 나무라듯 하는가"

하면서 거짓말 아니라고 계속 얘기하는 거다 그렇게 하여 지렁이는 눈을, 매미는 소리를 서로 교환하게 되었다

지렁이는 눈을 주고 난 후 보이지 않아 이리 갔다 저리갔다 하면서도 노래를 하게 되었다고 좋아서 길길이 뛰었다 그런데 지렁이는 노래를 해보니 매미만큼 하지 못한 거다

매미는 지렁이에게 소리를 주고 눈을 얻었다 그런데 매미는 노래를 못 할 줄 알았는데 더 잘해지는 거다 앞을 보게 되니 즐거워서 이리 번쩍, 저리 번쩍 날아다니며 머귀나무에 앉아 노래하고 멀구슬나무에도 앉아 노래하기도 했단다

지렁이는 보이지 않아서 이리 갔다, 저리 갔다 하면서 노래를 해도 아무도 들어주지 않으니 위가 뒤집힐 듯 화가 나기 시작했지 그런데 매미는 마음 놓고 날

아다니며 노래를 잘 한다는 말 들으니 매우 화가 났단다

하루는 자기가 있는 나무 위에서 매미가 노래를 하고 있으니까 교환했던 내 눈 돌려달라고 소리치기 시작했단다

그러면 매미는 그 말을 듣지 않으려고 날아 가버리고 했단다

그 후 여름안개가 자욱한 날 나무 위에서는 매미가 노래를 하고 땅 속에서는 지렁이가 눈을 돌려달라고 우는 소리가 같이 들린다고 합니다

작품해설

그리움의 파도와 삶의 언덕, 그 경계를 들여다보다

김 순 진(문학평론가 · 고려대 평생교육원 교수)

작품해설

그리움의 파도와 삶의 언덕, 그 경계를 들여다보다

김 순 진(문학평론가 · 고려대 평생교육원 교수)

이 시집은 그리움을 현상해놓은 한 권의 오래된 앨범이다. 김용하 시인은 2018년 가을에 <스토리문학>을 통해 등단한 시인이다. 그가 등단할 때 생각이 난다. 아내가 하늘나라로 떠난 지 몇 년 되지 않아서, 그의 가슴속에는 절절한 그리움이 채워져 있었음을 알 수 있었다. 그런데 그가 보내온 시집 뭉치를 인쇄해 들고 나는 그의 가슴 속에는 체계적이고 다양한 그리움이 터를 잡고 살고 있음을 확인할 수 있었다. 시란 문자로 쓰는 그림이다. 그림이나 글씨는 모두 평면성을 지니고 있다. 그러나 시의 골격은 뿌리와 줄기, 그리고 잎을 형성한다. 이야기의 골격 또한 그러하다. 식물에는 뿌리와 줄기, 잎이 있듯 시에도 시에 주어와 목적어, 동사가 있다. 책 속의 시는 평면성을 유지하지만, 시를 낭독하거나 노래하는 행위는 가히 입체적이다. 시를 읽는 사람의 마음 역시 입체적이다. 하여 나는 김용하 시인의 그리움이 어디에 뿌리를 두고 있으며, 어떻게 줄기를 형성하여 어떤 모양의 잎을 달고 있는가를 관찰하기 위해서는 관다발, 즉 그리움의 이유를 집중적으로 들여다보아야 한다.

김용하 시인의 인생에 크나큰 시련이 닥쳐왔다. 평생을 함께 살던 아내가 지병으로 먼 곳으로 여행을 떠난 것이다. 언젠가 배인환이란 시인이 김용하 시인처럼 아내가 작고했다. 그때 그는 아내가 지금 죽은 것이 아니라 북극을 여행하고 있다는 생각을 했다. 그래서 아내가 입던 옷, 아내가 바르던 화장품, 아내의 이불,m 아내의 방을 그대로 놓고 날마다 아내의 방에 들어가 북극을 여행하고 있는 아내에게 보내는 시를 썼다. 그리고 시집으로 출간했다. 『라라는 블라디보스톡으로 떠나고』라는 시집이 그 시집이었다. '닥터 지바고'라는 영화에서 1914년 1차 대전이 일어나자 군의관으로 참전한 남자주인공 '유리'는 남편을 찾아 종군간호사가 된 여자주인공 '라라'와 우연히 만나 사랑에 빠지게 된다. 1차 대전이 끝나고 유리는 모스크바로, 라라는 자신이 태어난 유리아틴으로 떠난다. 사랑하는 여인을 떠나보내야 하는 슬픈 줄거리가 『라라는 블라디보스톡으로 떠나고』다. 이 시집은 그리움을 한편한편 현상해놓은 빛바랜 사진첩이다. 그의 아내에 대한 그리움을 그는 시라는 현상기술을 통해 한 장 한 장 사진으로 현상해놓고 있다. 그럼 그의 내면에 쉼 없이 철썩이는 그리움의 파도와 살아야만 하는 한 남자 앞에 놓은 삶의 언덕, 그 경계를 들여다보자..

풀잎 이슬이 대롱대롱 매달린 아침
새들이 아침을 즐겁게 노래하는데
밝게 빛나는 태양 저 너머의 먹구름
세차게 몰려와 가슴을 덮는다

웅장한 한라영산 기슭에
사랑하는 이들이 훤히 보이는 양지 바른 곳
나를 낳아준 부모 곁으로
조그맣고 아담한 집을 지었네

가지 말라고 붙잡지 않을까 몇 번씩 뒤돌아보며
흘리는 눈물 속에 떨어지지 않는 발길
그녀는 은하수 기차를 타고
손을 흔들며 도솔천 여행을 떠났네

– 「그녀는 도솔천 여행을 떠나고」 전문

이 시는 아내를 장사지내고 난 후에 쓴 시인 듯하다. 나는 일찍 어머니를 여의었다. 그때 어머니 나이 42세, 아버지 나이 44세였다. 아내를 잃은 아버지는 너무나 슬퍼했고 마음을 가누지 못했다. 그래서 틈만 나면 어머니의 산소에 찾아가 눈물을 흘렸던 기억이 난다. 김용하 시인도 그런 심정일 것 같다. 김용하 시인의 아내는 지금 현상세계를 떠나 도솔천 여행을 하고 있다. 그리하여 그는 여전히 모든 삶을 아내와 함께 한다. 눈을 뜨면 그녀가 확인되고 바람이 불어도 그녀가 왔나 확인해보며, 산사를 찾아도 그녀가 걸어나올 것만 같다. 도솔천이란 어떤 곳인가? 다음백과사전에는 "불교의 우주관에 따르면 세계의 중심은 수미산이며, 그 꼭대기에서 12만 유순 위에 도솔천이 있다고 한다. 이곳은 내원과 외원으로 구별되어 있다. 석가모니가 보살일 당시에 머무르면서 지상에 내려갈 때를 기다렸던 곳이며, 오늘날에는 미래불인 미륵보살이 설법하면서 지상으로 내려갈 시기를 기다리고 있다고 하는 내원은 내원궁으로 불리기도 한다. 외원에서는 수많은 천인들이 오욕을 충족시키며 즐거움을 누리고 있다고 한다."고 나와 있다. 말하자면 도솔천은 불교의 중심인 수미산 꼭대기 12만 유순 위에 발달된 상상 속의 하천이다. 미륵보살은 미래, 즉 내세의 보살이다. 윤회를 믿는 불교사상에서 죽은 것은 없다. 따라서 아내가 도솔천을 여행하고 있다는 그의 믿음은 불교신앙에 기인한다. 바다에 나가 파도와 맞서는 사람을 기다리는 사람들의 마음은 늘 조바심의 연속이었을 것 같다. 남자들이 배를 타고 먼 바다로 나갔든, 해녀들이 태왁에 의지하여 바다로 나갔든 서로를 바라보는 마음은 걱정의 연속이었을 것 같다. 그래서 무엇인가를 믿고 의지해야 했는데 그것이 불교가 아니었나 싶다.

잡동사니 가득한 낡은 서랍 깊은 곳
꺼져가는 작은 불빛에 눈이 멈춘다
숨이 멈추어버린 그녀의 손목시계

왼손이 주인인양 얼른 집는다

영혼을 불어넣으면 다시 심장이 뛸까
시계 수리점으로 가져갔다

애꾸눈 주치의가 빤히 쳐다본다
영영 다시 숨을 쉴 수 없는 것일까
능숙한 솜씨로 시술을 마친 손목시계
다시 숨을 쉰다
심장이 뛰는 소리가 들린다

주치의가 뚜껑을 연다
시각장애인을 위한 시계라고 한다
아! 그녀와 함께 숨을 멈추었던 손목시계
이제 나의 왼손에서 그녀의 심장이 뛴다

– 「내 왼손에서 그녀의 심장이 뛴다」

지금 그는 아내가 찼던 손목시계 왼 손에 끼고 있다. 아내가 도솔천 여행을 떠나고 난 뒤 서랍에 들어 있던 시계였을 것 같다. 우연히 서랍을 뒤지다가 발견했을 아내의 시계, 그는 죽은 시계를 들고 시계수리점으로 향했다. 시계수리공은 그 시계가 시각장애인을 위한 시계라고 한다. 그렇다면 그의 아내는 도솔천으로 여행을 떠나기 직전, 지병으로 인하여 앞을 보지 못했던 것 같다. 시각장애인을 위한 시계는 시간을 손으로 만질 수 있다고 한다. 나는 지금껏 시각장애인의 시계를 생각해본 적 없다. 우리 주변에는 갑자기 시력을 잃는 사람들이 많이 늘어나고 있다. 언젠가 강남의 한 녹음스튜디어에 시낭송 녹음을 하러 갔던 적이 있다. 그는 밝은 눈으로 이 부분에서는 이렇게 하고 저 부분에서는 저렇게 하라며 우리를 척척 리드를 하며 녹음을 해냈다. 그런데 불과 2,3년 만에 그 코미디언 사장은 완전히 시력을 잃고 말았다. 은평구에서 오누이처럼 친하게 지내고 있는 시인의 남편도 환갑이 채 안 된 나이에 시력을 완전히 잃고 말았다. 우리 은평문인협회에 자주 아내를 태우고 나타나 서로 악수를 나누며 소통하던 그는 이제 시각장애인이 되었다. 최근에 양평에서 한 수필가가 수필집을 냈는데, 교정을 보러 그 집에 갔다가 남편이 2,3년 만에 시각장애인이 된 것을 알았다. 편하다는 이유로 넘쳐나는 차량의 배기가스와 쓰레기 소각에 의한 대기오염, 플라스틱 제품이 햇빛을 받아 부서진 미세플라스틱에 의한 식품오염, 생활폐수에 의한 지하수오염 등이 우리를 역으로 공격하고 있는 것이다. 요즘 코로나19바이러스로 인해 시장이나 마트에 가지 않고 집에서 인터넷으로 생활용품을 구매하기 때문에 골목마다 더욱 넘쳐나는 플라스틱, 스치로폼 뭉치를 볼 수 있다. 작은 물건을 구매했는데도 엄청난 포장으로 배달되어 오는 것을 보았다. 정부에서 과잉으로 포장된 상품을 제어한다고 하긴 하지만 상술을 따라가지는 못하는 것 같아 씁쓸한 마음이다. 시각장애자 시계는 뚜껑이 있어 뚜껑을 열고 시침 분침을 손으로 만져 시간을 알 수 있다. 그러니 그런 시계를 손목에 차기까지 그의 아내가 얼마나 심한 통증을 느끼며 투병생활을 했을지, 그런 아내를 지켜보는 김용하 시인의 마음이 얼마나 찢어지게 아팠을지 알 것 같다. "이제 나의 왼손에서 그녀의 심장이 뛴다"는 말이 공감이 간다. 아내가 손목에서 숨을 쉬고 있다는 느낌을 알 것도 같다. 무엇이든 함께 하고 싶픈 남편의 마음이 절절히 묻어나온다.

1.
그저 바라보기만 할 뿐
결코 허락하지 않는 神들의 의자
날고 뛰는 석공들의 갈고 닦기 수십 만 년
아직도 다함이 아닌 듯
이마에 땀방울 동글동글 매달리고
솟구치는 아름다움에 잠시
넋을 잃기도 하지만
넘실대는 노랫소리 리듬에 맞추어
하늘하늘 춤을 춘다

2.
파도가 귓불을 때린다
하얀 물보라 솟구치며 인사한다
어젯밤 수많은 도적떼들
할퀴고 지나간 자리
누가 말했던가 神들의 의자

3.
태고적(太古的) 용암이 만들어낸
육각형 키 큰 허수아비
벌거벗은 몸뚱이에
물보라 흠뻑 뒤집어 쓴 채
벌벌 떨고 있네

오늘도 풍문 주상절리 빈 의자
주인을 기다린다

- 「주상절리」 전문

제주는 화산섬이다. 활발한 화산활동으로 인해 생겨난 것에는 화구호, 오름, 화산석, 주상절리 등이 있다. 그 화산활동으로 인해 생성된 대표적인 것이 한라산 백록담이다. 화산의 분화구가 휴식을 하고 있는 동안에 물이 차 생긴 화구호 중 하나다. 화산활동 중 생긴 것 중에 하나가 오름이다. 제주도만의 특별한 지형이라 할 수 있다. 나는 몇 번의 제주 여행을 통하여 「제주여 한라여」라는 가곡의 가사를 썼다. "보라 여기 한반도에 맏아들 제주가 있나니 / 그 이름 너무 탐나 탐나도라 불렀도다 / 보라 여기 제주도에 맏아들 한라가 있나니 / 못 오르면 한이 되어 한라산이라 불리누나"로 시작하는 가곡으로 최근에 강남의 롯데콘서트홀에서 합창곡으로 불려 더욱 유명해졌는데, 그 가사 중에는 용눈이오름, 웃바매기오름, 다랑쉬오름이

나온다. 대한민국 대부분의 산들은 혈맥을 타고 흘러내리는 반면 제주도의 산들은 혈맥이 없이 스스로 솟아있다. 이를 오름이라 부르는 것이다. 화산활동으로 생겨난 또 하나의 대표적 현상이 화산석이다. 제주도에는 논이 없다. 지형상 화산석이 떠받치고 있기 때문에 논의 물이 오래 참지 않고 땅으로 금방 스며든다. 그러기 때문에 제주도 사람들은 논농사를 짓지 못하고 보리농사를 지어 연명해왔다. 지금이야 운반수단이 좋아 어디를 가나 쌀을 살 수 있지만, 비행기와 선박이 발달하기 전 옛날의 제주도 사람들은 보리밥을 주식으로 먹었고, 물이 잘 빠져 크게 자라지 않는 땅콩을 심어먹었다고 한다. 바닷가 해안이나 강가에 자주 나타나는 것 중 하나가 주상절리다. 주상절리는 용암이 흐르다가 차가운 공기, 바닷물과 만나 부피가 줄어들고 고체로 굳어지면서 오각형, 육각형 모양의 돌기둥이 된 것을 말한다. 아름답기가 발걸음을 멈추게 한다. 경주 감포 바닷가의 주상절리나, 부안 바닷가 채석강에서 볼 수 있는 주상절리, 그리고 포천이나 철원의 한탄강에서 그 흔적을 찾아볼 수 있는데 볼 수 있는데, 제주도에는 주상절리가 한곳만 있는 것이 아니라 곳곳에 발달되어 있다. 김용하 시인이 이러한 주상절리를 시에서 쓰고 있는 것은 고향에 대한 그리움의 발로다. 김용하 시인은 이런 자연의 아름다움을 그저 자랑만 하지 않는다. 바라보고 발견하며 평가하고 은유한다. 그래서 그는 주상절리를 신들의 의자라 말한다. 제주도는 육지의 다른 지방에 비하여 토템미즘과 샤머니즘이 발달해 있다. 때문에 설화도 많이 존재하고, 마을마다 많은 전설을 간직하고 있다. 김용하 시인처럼 시인은 자기가 태어나고 살아온 고장의 지형지물을 시에 담아 후세에 전하는 것은 매우 중요한 임무다. 그러기에 김용하 시인은 시인의 임무를 잘 수행하고 있다고 할 수 있다.

바다와 들녘이 맞닿은 곳
시골집 사이사이 들녘이 펼쳐지고

들녘 가로지르는 돌담길 넘어
쪽빛 바다 넘실거린다

초록빛 보리밭 샛노란 유채밭
검은 돌담 꿈결처럼 아름답다

금빛 선홍빛 저녁노을
오래도록 잊지 못할 여운 남긴다

진한 여운 그리움 만들고
그리움 깊어지면 발길 향하는 곳

「소모리 섬」 전문

소머리 섬은 예로부터 쉐머리, 소머리 또는 섬머리 등으로 불렀다. 섬머리는 우도면 사람들이 부르는 이름이고, 소머리 또는 쉐머리는 성산읍 성산리나 고성리 등에서 부르는 이름이다. 섬머리는 섬의 머리에 해당한다는 데서 붙인 것이고, 소머리는 소의 머리에 해당한다는 데서 붙인 것이다. 우도, 즉 소머리섬이라 불리게 된 원인은 우두봉에 있다. 우도의 바닷가에 위치해 있는 우도에서 가장 높은 우두봉이 소의 머리처럼 생겼기 때문이 소모리섬이라 불리게 된 것이다. 소는 여러 가지 상징을 보인다. 소는 성실하고 책임감이 강하며, 믿음직스럽고 참을성이 강하다는 상징성을 가지고 있다. 소는 여유와 평화를 상징한다. 소는 부를 불러오며 화를 막아주는 존재로도 상징된다. 소의 뼈나 고삐, 코뚜레 등은 지금도 잡귀를 쫓고 액땜을 해주는 상징으로 가정에 걸어놓는 집이 많이 있다. 또 꿈 해몽에 있어 소가 나오는 꿈은 조상으로 보고 있다. 소는 시문, 노래, 그림 등에 수없이 등장한다. 우리 미술사에서 목자나 스님이 소를 타고 돌아오는 그림이 자주 보이는 것은 유유자적한 삶이나 은둔을 상징하기도 했다. 나 문헌에 의하면 고대 사람들은 제물(祭物)을 위해 소를 길렀다. 그러나 차음 운반수단으로써의 소사육과 농경, 즉 논밭을 갈기 위해 소를 기르기 시작했고, 근대에 와서는 젖소로 개량하여 우유를 생산하거나, 비육우로 개량하여 고기를 얻을 요량으로 소를 기르기 시작하였다. 제주도는 우리나라의 대표적인 농업지역이다. 산세가 낮고 상대적으로 풍성한 목초가 발달된 제주에서 소는 말과 함께 사육하는 대표적 동물이었을 것이다. 농경을 기본적으로 살아온 제주 사람들에게 소는 신성시해야만 했던 동물이었을 것 같다. 제주에서 생활했던 화가 이중섭은 '노을 앞에서 울부짖는 소', '황소', '흰소', '길 떠나는 가족', '소' 등의 그림에서 제주의 소를 힘차고 정다운 필치로 그려내고 있다.

1.
당신이 보고플 때
나는 당신이 걷던 길을 걸어봅니다

당신이 보고플 때
나는 당신 숨결이 깃든 흙내음을 찾아봅니다

파도처럼 출렁이는 하얀 억새도
붉은 옷으로 갈아입은 숲의 주인도

예전 그대로인데
당신은 없습니다

당신이 보고플 때
나는 고개를 들어 먼 하늘을 바라봅니다

2.
귀뚜라미도 잠든 이른 새벽
꿈속을 헤매는 나를 두고 깨어난 당신은

어제처럼 얼룩 암소와

먼 메밀밭 찾아갑니다

얼마나 걸었을까
발자국 새긴 곳 찾기 힘든 자갈길
나무 틈새로 새어나오는 햇빛
그 빛에 끌려가곤 합니다

지금도 그 숲 사이로 빛은 쏟아지고
얼룩 암소들 여전한데
불러도 대답 없는 이름
아버지, 당신만 안 계십니다

– 「아버지」 전문

김용하 시인은 아버지다. 아버지는 자녀에게 든든한 버팀목이어야 한다. 김용하 시인이 자녀에게 자상하고 우직한 아버지였듯이 김용하 시인의 아버지 역시 아들 김용하 시인에게 그 사랑을 잊을 수 없는 존재였을 것 같다. 그래서 김용하 시인은 집에 있어도, 바닷가에 나가도, 밭에 가도 아버지의 부재가 가슴을 파고드는 것이다. 아버지의 애칭은 아빠다. 내가 어렸을 적에는 아빠라는 호칭이 없었다. 그런데 어느 사인가부터 아빠라는 호칭이 생겨났는데, 이는 어머니를 엄마라 부르는 애칭의 반대심리에서 탄생한 것 같다. 아빠라는 호칭은 자녀와 아버지의 관계를 더욱 가깝게 만드는 것 같다. 그런데 우리 세대의 대부분은 아버지를 아빠라고 불러보지 못했다. 그런 이유로 우리 세대에게 아버지란 존재를 친근성보다 위엄 있는 아버지로 남게 했다. 그런 아버지는 자녀에게 제주도 밭두렁 가에 쌓인 돌담장 같은 존재다. 바람을 막아주고 도둑을 막아주는 돌담장, 아버지는 자녀에게 안심하고 자라날 수 있도록 쳐진 펜스다. 아버지는 가로등 같은 존재다. 어둠을 밝히고 늘 골목을 지키고 서 있는 존재다. 그래서 집으로 돌아오는 가족들이 안심하고 돌아올 수 있도록 지켜주는 존재다. 아버지는 느티나무 같은 존재다. 모든 사람의 고향 같은 존재로 고향 마을 어귀에 든든하게 서 있는 느티나무 같이 아버지라는 그늘에서 고누를 두고, 숨바꼭질하고 땀을 식힐 수 있는 존재이기 때문이다. 그런 아버지는 사위나 며느리에게는 아버님으로 불리기도 한다. 그럴 때 아버지란 존재의 책임은 더욱 무겁게 느껴진다. 무작정 남의 식구를 데려와서 생긴 호칭이 아니라, 남의 식구를 데려오는 주체로서의 아버님은 새로 들어온 남의 식구가 내 식구가 될 수 있도록 인자해야 하며, 든든한 울타리가 되어야 한다. 아버지에 관한 호칭은 여러 가지로 불린다. 돌아가신 본인의 아버지를 남에게 부를 때 가친(家親)이란 말을 한다. 그런데 비하여 선친(先親)이란 말은 남이 상대방의 돌아가신 아버지를 부를 때 '자네의 선친께서는 이러이러한 분이셨다'고 말할 수도 있고, 본인이 남에게 발할 때 '우리 선친께서 말씀하시길'이라며 돌아가신 아버지의 기억을 말할 수도 있다. 다른 사람의 아버지를 높여 부를 땐 춘부장(春府長)과 같은 말도 있다. 아버지를 가장(家長)으로 부르기도 한다. 이는 '집안의 어른'이란 뜻으로 부르는 말이다. 요즘은 양자제도가 조금 수그러들었지만 양자를 간 사람이 낳고 길러준 아버지를 이를 때, 친아버지라 부르기도 하고 생부(生父)라 부르기도 한다. 어머니가 사별이나 이혼 등의 이유로 다시 맞이한 남편을 이를 때 의붓아버지, 계부(繼父)라고 부르기도 하는데 이미지가 드러나 조심스러운 호칭이기도 하고 그 자녀들은 새아버지라 부르기도 한다. 바흐를 음악의 아버지라 부르거나 폴 세잔을 현대미술의 아버지라 부르고 아인슈타인을 빛의 아버지라 부르는 것처럼 아버지란 이름은 어떤 일의 효시를 나타내기도 한다. 과거의 아버지는 가정에서 절대적인 상징이었지만 지금은 아버지의 권력이 많이 쇠락하였다. 밥을 먹어도 아버지가 수저를 들어 한 입 잡수셔야 자녀들은 밥을 먹을 수 있었고, 맛있는 것이 선물로 들어와도 아버지가 집에 들어오셔야 먹을 수 있었는데, 지금은 그런 집은 거의 드물다. 그것은 물질문명이 발달하면서부터 아이들 교육과 가계생활을 영위하기 위해 어머니의 역할이 상대적으로 늘어나 아버지의 권위는 그만큼 추락하는 한 편 어머니의 권한이 확대되어 집안에서 실질적인 권한을 발휘하지 못하는 아버지가 많아지는 현상은 씁쓸한 시대상이기도 하다.

올니 보리농신 잘 뒌거 담다
비영기에서 ᄂᆞ려보난 보리왓이 누렁은게
ᄒᆞ곰이시민 ᄀᆞ스락 캐우는 내가 나곡
보리 강메기 카는 냄살이 ᄀᆞ득 홀테주

옛날은 보리를 하영 가난
보리왓마다 ᄀᆞ스락 캐우민

매틀동안 내가 모락모락 나곡
보리 강메기 카는 냄살은 무사경 코소롱 ᄒᆞᆫ지

지슬하나 두 개 곶어당
ᄀᆞ스락 캐운 재 소곱게 곱저두고
놀당왕 보민 무랑ᄒᆞ게 익영

우녁집 아이덜도 알녁집 아이덜도
ᄆᆞ아들엉 입주댕이가 시커멍 ᄒᆞ도록
먹곡 ᄒᆞ엿주게

– 「ᄀᆞ스락」 전문

제주도 말에는 아직도 아래 아(·)가 남아있다. 「ᄀᆞ스락」 같은 말이 그 증거다. 예를 들어 "달빛이 환한 밤이다. 커다란 나뭇잎 뒤에 작고 작은 알이 하나 놓여있었다."라는 말이 있다면 제주 사람들은 "ᄃᆞᆯ빛이 훤ᄒᆞᆫ 밤이우다. 커ᄃᆞ란 낭섭 뒤에 잘도 ᄌᆞᆨ은 알이 ᄒᆞ나 잇엇수게" 같이 쓰는데 제주의 언어는 아직

15세기에 머물러 있기 때문에 'ㅆ'의 받침도 'ㅅ'으로 쓴다. 이는 뭍, 즉 한반도와 상대적으로 멀리 떨어진 제주도는 그들만의 고어(古語)를 계속해서 사용해왔기 때문에 일어난 현상이라 할 수 있다. 이런 제주 말은 국어연구에 있어 매우 중요한 단서를 제공하기도 한다. 제주도 말에서 쓰이는 아래 아(·)는 너무나 많이 쓰인다. 예를 들면 "ᄀᆞ래 – 맷돌, ᄂᆞ리다 – 내리다, ᄇᆞ름 – 바람, ᄇᆞᆫᄇᆞᆫᄒᆞᆫ- 잔잔한, ᄃᆞᆯ – 달, ᄄᆞᆯ – 딸, ᄄᆞᄄᆞᆺᄒᆞᆫ – 따뜻한, ᄃᆞ다 – 뛰다, ᄆᆞ – 모두, ᄆᆞᆷ냥 – 마음껏, ᄆᆞᄋᆞᆷ – 마음, ᄆᆞᆯ – 말, ᄆᆞ르 – 머리, ᄆᆞᆫ딱 – 전부 싹 다, ᄆᆞᆷ생이- 망아지, ᄉᆞ – 사(4), ᄉᆞ랑 – 사랑, 아ᄃᆞᆯ - 아들, 아또록ᄒᆞᆫ – 아늑한, ᄌᆞᆷ녜 – 해녀, ᄍᆞ르다 – 자르다, ᄒᆞ나 – 하나, ᄒᆞ다 – 하다, ᄒᆞᆨ교 – 학교, ᄒᆞᆫ디 – 한데로"11) 등이 그것이다. 제주도 사람들을 만나면 말을 알아들을 수 없는 것은 그들이 아직도 15세기 이전의 말을 쓰고 있기 때문이다. 'ᄀᆞ스락'은 우리말로 '가시'다. 화산폭발로 인해 지형적으로 물을 가둘 수 없는 제주에서 생계를 유지하기 위해 심어온 제1의 곡식은 보리다. 나도 보리를 베어보고 보리타작을 해보았지만 보리를 베고 보리타작을 하려면 보리에 길게 난 수염, 즉 ᄀᆞ스락 때문에 얼굴이 쓸리고 손이 거칠어질 수밖에 없다. 제주 사람들의 삶은 거칠었다.

11) 세르게이 댐댄 수렌의 네이버 블로그 '제주어 단어' 중에서 http://blog.naver.com/PostView.nhn?blogId=kort2017&logNo=222114038679

남자들은 거친 바다에 나가 물고기를 잡고 해녀들은 물질을 했으며, 거친 바람과 맞서기 위해 지붕을 모두 총총 동여매야 했고, 보리를 심어 생계를 유지해야 했으니, 제주 사람들의 노고를 이루 말할 수 없을 것 같다. 나는 그동안 수많은 사람들의 시집 작품해설을 써 왔다. 대략 150여명 이상의 작품해설을 써온 것 같다. 그때마다 나는 지역의 시인들은 그 지역의 풍습과 사투리, 지형지물과 역사에 대하여 기록해야 한다고 말해왔다. 그런 면에서 김용하 시인이 이 시집의 4부 '제줏말씨'에서 제주의 말씨와 풍습을 이야기하는 것은 매우 중요한 일이라 할 수 있다.

이상에서처럼 김용하 시인의 시 몇 수를 읽으며 그의 시세계를 여행해보았다. 그는 풀잎에 맺힌 이슬에도 눈물을 흘리고, 떨어지는 낙엽을 보고 슬퍼할 줄 아는 가슴 여린 시인이다. 아내의 부재에 대하여 가슴 아파하면서 그 사랑을 그리워하는 남편이기도 한 그는 지극히 건강한 정신을 가지고 있는 대한민국의 아버지이며, 제주를 끔찍이 사랑하는 제주도민이기도 하다. 그는 아내와 자녀, 세주와 사언, 사물과 현상에 대하여 깊고 그윽한 눈으로 자비를 베풀어서 자신이 그 자비의 혜택을 받는다. 그런 그의 시에 나타난 시정신은 불교사상에 근거를 둔 자비정신이라 할 수 있겠다. 첫 시집 상재를 진심으로 축하드린다.

이 도서의 국립중앙도서관 출판예정도서목록(CIP)은 서지정보유통지원시스템 홈페이지(http://seoji.nl.go.kr)와 국가자료종합목록 구축시스템(http://kolis-net.nl.go.kr)에서 이용하실 수 있습니다.

(CIP제어번호 : CIP2020047779)

김용하 시집

손목에 사는 그녀

초판인쇄일 2020년 11월 14일
초판발행일 2020년 11월 20일

지은이 : 김용하
발행인 : 김순진
편집장 : 전하라
디자인 : 김초롱
펴낸곳 : 문학공원
등　록 : 2004년 3월 9일 제6-706호
주　소 : 우편번호 03382 서울 은평구 통일로 633
　　　　 녹번오피스텔 501호 스토리문학사
전　화 : 02-2234-1666
팩　스 : 02-2236-1666
홈페이지 : http://cafe.daum.net/yob51
이메일 : 4615562@hanmail.net

※ 책값은 뒤표지에 있습니다.